AF318205

NANDYFER

LE CENTENAIRE DE VOLTAIRE

RÉPONSE

A

MGR DUPANLOUP

Prix : 30 centimes

PARIS
A. ESMÉNARD Fils, ÉDITEUR, 68, rue Balagny, 68,
et chez tous les libraires.
1878

NANDYFER

LE CENTENAIRE DE VOLTAIRE

RÉPONSE

A

MONSEIGNEUR DUPANLOUP

Nous répondrons à Monseigneur Dupanloup, et brièvement, avec tout le respect que commande son caractère de prêtre. Nous estimons que la politesse est le signe vrai de toute polémique sincère, et que quiconque ne doit avoir le « triste honneur » d'entrer dans la voie des protestations, même lorsqu'il ne s'adresse qu'aux membres du Conseil municipal de Paris.

Cela dit, nous allons analyser la valeur des arguments qui étayent la colère et l'indignation de l'auteur des *Lettres* contre le Centenaire de Voltaire. Et d'abord, il était inadmissible qu'on ne vît pas, à l'occasion du « scandale qui se prépare, » l'évêque d'Orléans jouer un rôle quelconque. L'ardent apôtre du dogme de l'infaillibilité papale et des principes du *Syllabus* ne pouvait pas rester bouche close, et c'est pourquoi il a parlé. Feringelia en fit autant jadis.

M. Dupanloup englobe dans une même réprobation Voltaire et Rousseau. De Rousseau il était peu question. Mais Monseigneur a cru bon de mettre l'auteur du *Contrat social* en scène afin de rendre plus faciles ses vaines diatribes, lesquelles consistent à faire dénigrer Rousseau par Voltaire et celui-ci par celui-là. Ce système, qui n'a rien de patriarcal, et qu'adopte l'évêque, nous l'acceptons. Mais nous l'acceptons pour ce qu'il vaut, et il vaut peu. En effet, si grand que soit un homme par son talent, il peut porter en soi un sentiment qui tend à jalouser les facultés de son rival ou son émule, heureux lorsqu'il est assez fort pour le maîtriser sans attenter à sa propre vocation. C'est sur ce sentiment indépendant et adéquat qui chez l'auteur des *Lettres* est plus intense que chez qui que ce soit, que Monseigneur base ses appréciations, et par lequel il conclut à l'interdiction du Centenaire de Voltaire.

Mais faire insulter Voltaire par Rousseau ne suffit pas, car, en somme, les injures isolées sont impuissantes, sinon puériles. Et c'est en vertu de cette proposition que Monseigneur essaye de s'entourer d'autres épithètes d'autres auteurs. Dans cette voie, ses citations sont nombreuses. Malheureusement pour son bon vouloir, et aussi pour son discernement, il manque le coche quelquefois, et les appréciations phraséologiques dont il charge ses pages — j'allais dire ses canons, — font long feu le plus souvent.

Deux lacunes nous frappent dans le petit livre de M. Du-

panloup. L'une consiste à nous présenter Monseigneur
comme étant assez pauvre d'idées pour ne point, à lui tout
seul, écraser Voltaire. L'autre nous met en demeure de solli-
citer de sa plume plus de loyauté et de circonspection, quand
elle emprunte à tort et à travers des citations fragmentaires.
M. Dupanloup sait très bien qu'un discours se compose de
trois parties, selon la rhétorique, et que n'en énoncer
qu'une, dépendante et vassale des deux autres, lesquelles
peuvent la démentir ou bien l'atténuer, est d'un mauvais
exemple pour les adeptes des dogmes de l'église et de ses
enseignements. Nous pourrions surprendre Monseigneur
en flagrant délit. Mais Monseigneur n'y regarde pas de si
près, et il lui suffit que M. Sainte-Beuve ait dit que Voltaire
n'était pas un démocrate, pour que Voltaire soit clérical.
Cette assertion, dont M. Dupanloup se fait l'écho, équi-
vaut, pour tout homme sensé, à celle du père Loriquet
qui, comme tout le monde sait, faisait de Napoléon Ier,
empereur, le lieutenant de toutes les armées du roi
Louis XVIII.

Pour nous, l'opinion de Sainte-Beuve sur Voltaire n'a pas
plus d'autorité que celle de Monseigneur d'Orléans sur
Rousseau. Sainte-Beuve n'était pas plus infaillible en ma-
tière de jugements philosophiques que madame de Staël.
Le pape seul eût pu se prononcer efficacement en cette
occurrence, et il est mort sans avoir statué quant à ce. Mais
si nous passons à une autre citation, à celle empruntée à
Lamartine, par exemple, nous voyons que « Voltaire poussa
le respect des rois jusqu'à l'adoration de leurs faiblesses, »
et ici nous demandons à M. Dupanloup pour qui les rois
sont les « envoyés d'en haut, » les « hommes investis d'une
mission divine, » s'il n'a pas manqué de tact en invoquant

rien plus contre lui que contre Voltaire, l'autorité du poëte de *Jocelyn* ? Et, songeant au pavé de l'ours de la fable, nous découvrons dans cette imprudence tous les sophismes du *Syllabus*. Et nous restons confondu quand, une ligne plus bas, Monseigneur ajoute que Voltaire excusa les mœurs infâmes de Frédéric. Car ceci rappelle naturellement celui que l'église exalte et glorifie, et qui s'appela Louis XV, lequel Louis XV, en fait d'infamies morales, tient le haut du pavé dans l'ordre des rois de France et d'ailleurs.

Quant à la citation prise dans un des livres d'Hugo, nous renvoyons M. Dupanloup à la préface de *Odes et Ballades*, datée de l'exil. Nous pourrions, également, le renvoyer au premier volume des *Contemplations*, mais il le sait par cœur. Dans ladite préface, il pourra lire qu'il est beau de remonter de l'erreur à la vérité, de quitter la nuit pour la lumière et de fuir les ténèbres. Ce qui implique que l'ascension vers l'idéal est toujours possible pour celui qui n'a pas subi le contact néfaste et pernicieux de la scolastique jésuitique. Monseigneur, lui, mourra impénitent. Une conversion à son âge ferait encore plus de bruit que le centenaire contre lequel il s'est insurgé. Du reste, en notre âme et conscience, nous affirmons que si Hugo n'était point grand à mille titres, il le serait surtout au seul titre de ce que M. Dupanloup appelle une apostasie. Il y a de ces abjurations suprêmes qui échappent à la perception de toutes les théologies et à la perspicacité de tous les évêques. M. Veuillot demeurera Veuillot jusqu'au jugement dernier. Il n'y a pas de doute. Vouloir mettre Hugo en contradiction avec lui-même est relativement possible au point de vue du texte de son œuvre d'adolescent ; mais vouloir se faire une arme offensive d'une page à jamais effacée par cinquante

autres livres immortels, c'est montrer la stérilité des
moyens et la pauvreté d'une logique sans base. Monseigneur peut se dispenser de citer Hugo : le dogme du poète
des *Misérables* est plus grand, plus généreux, plus vaste et
plus sûr que celui qui forme la foi et la conscience de l'auteur des *Lettres* qui font l'objet de la présente réponse.

M. Dupanloup cite Taine, Henri Martin, Renan, Nodier,
Chateaubriand.

Taine nous est suspect, tant à cause de ses attaches
occultes avec le parti clérical, qu'à cause de ses préceptes
sur les *Origines de la France contemporaine*, où il combat
maladroitement les aspirations de la société nouvelle et ses
besoins, après avoir flétri, pour donner le change, les
mœurs et les turpitudes des règnes de Louis XIV et de
Louis XV.

Le témoignage de Nodier est nul. Pas plus que M. Dupanloup, il n'était apte à juger sainement Voltaire dans la pléni-
tude et l'unité de son œuvre. Pour cela, il faudrait l'esprit
de Pascal. Or, je ne sache pas que ni Nodier, ni M. Dupanloup aient la prétention d'avoir hérité de l'esprit de
Pascal.

M. Renan est certes un chercheur grave, un penseur
sérieux, un consciencieux écrivain, un publiciste osé et
autorisé, mais ces qualités ne suffisent pas pour nous ranger
à sa manière de juger l'auteur de *Zaïre*. D'ailleurs, en 1864.
époque à laquelle M. Renan niait la compréhension et la
compétence de Voltaire, l'auteur des *Apôtres* n'était point
l'homme d'aujourd'hui. Il n'avait point jeté par dessus les
moulins les haillons de sa robe de séminariste et sa myopie
tâtonnait. M. Dupanloup sait mieux que nous ces choses-là,
mais son rôle le fait l'humble serviteur de ses rancunes et

de ses haines. Il est rivé, cela s'explique, au trône et à l'autel, et sa mission lui fait un devoir, je devrais dire une loi, de rompre en visière avec tout ce qui tend à l'émancipation des hommes.

Nous ne dirons rien du jugement porté par Châteaubriand sur le solitaire de Ferney. Plus que M. Taine, l'auteur des *Martyrs* nous est suspect. On ne peut pas avoir fait l'apologie des missionnaires et des nonces de la papauté dans tous les temps et tous les âges, pour aboutir à encenser celui qui nia la sainteté de leur mission et la sincérité de leur dévouement. Châteaubriand avait peut-être du génie, mais la flamme de la vérité vraie s'était éteinte dans son âme au souffle du milieu corrompu où il s'était égaré. Celui qui avait écrit de Napoléon Ier : *il a trop fait de bien pour en dire du mal, et trop de mal pour en dire de bien,* n'avait pas le sens naturel de la justice éternelle ; autrement, jamais la seconde proposition de cette phrase célèbre ne serait tombée de sa plume. Et, comme déduction, nous ajoutons que son esprit manquait de sérénité.

Nous ne nous arrêterons pas aux deux vers de Musset, cités par le futur cardinal. Nous ne nous y arrêterons pas pour plusieurs causes : parce que Musset appartenait à une école philosophique mauvaise ; parce que la plupart de ses jugements sont empreints des traces d'un cerveau halluciné ; parce que il n'était pas apte, lui, le poète de l'amour érotique à apprécier judicieusement l'auteur de l'*Essai sur les Mœurs* ; et parce que, surtout, nous ne pensions pas que Monseigneur lisait Musset ! Et à ces restrictions, nous ajouterons que Musset, malgré ses longs éclairs de génie, ayant fait de la corruption un échafaudage à l'édification de son œuvre, M. Dupanloup eût mieux fait de ne point évoquer le chantre de *Rolla.*

Mais nous le répétons, de même que la chèvre broute là où elle est, selon Sancho, de même l'évêque d'Orléans choisit ses arguments là où il les rencontre pour « stigmatiser » en attendant qu'il anathématise. En cela, il ne fait que continuer les vieux errements des pères de l'Eglise, pour qui toute arme est bonne, fût-elle souillée par « les mains du démon. »

Que si nous voulions nous arrêter à toutes les turpitudes qui ont été formulées contre les plus grands génies de tous les temps, nous n'aurions qu'à ouvrir les livres des commentateurs et des historiens, et faire contre Homère, par exemple, un volume des sarcasmes et des quolibets que les Aristarques et les Zoïles de tous les jours ont vomi sur sa gloire. Nous prendrions Shakespeare qui, d'abord, nié, contesté, insulté, honni — et par Voltaire lui-même, Monseigneur — a grandi en raison des outrages qu'on a déversés sur son nom. Nous évoquerions Cervantes, Rabelais, que Bossuet appelait aussi «un singe.» Nous prendrions Molière, à qui ceux de votre foi refusaient un cercueil; Galilée, que votre Saint-Office embastillait et torturait, parce qu'un jour, il avait jeté, tout à coup, sur les voiles qui masquaient votre Josuë, tous les rayons du soleil immobile. Nous prendrions de nos jours Hugo, qui, aussi vaste que Shakespeare, plus profond que Voltaire, et poète sans poète possible à lui opposer dans aucun temps, a subi pendant trente ans les assauts désespérés de tous les hommes de boue et de sang, et qui rayonne aujourd'hui d'une gloire auguste.

Mais Voltaire, dites-vous, a écrit la *Pucelle*; et c'est aussi à ce titre que vous le flétrissez. Eh bien, s'il y avait à le flétrir d'avoir écrit cette erreur, ce soin serait le nôtre. Vous n'avez pas qualité, en cela, pour vous substituer à nous. Il faudrait d'abord que vous vous réhabilitiez du forfait de l'avoir brulée vive, la *Pucelle*, et que vous obteniez le pardon de ses restes calcinés. Et nous ne croyons pas assez aux miracles pour attendre votre grâce de celui-là. Laissez reposer en paix la grande héroïne. C'est en vain que vous troublez sa mémoire pour échapper au verdict de l'Histoire et de la Postérité. Ne parlez pas de Jeanne et ne la faites pas vôtre. Elle appartient à une patrie et à une religion qui vous sont inconnues.

« On manque son but, messieurs, quand on le dépasse. » Ce sont là les expressions qui vont clore votre *Première* aux membres du Conseil municipal de Paris. Eh bien, vous, Monseigneur, vous avez manqué le vôtre. Cette maxime, qui est de Vauvenargues, vous l'avez mise en pratique contre vous. De plus, tombant de votre plume, elle comporte un non-sens et une erreur. Et je vais vous le prouver.

A quoi tendent vos *Lettres* ? A nous présenter Voltaire comme antipatriote, antidémocrate, antihumain. Si Voltaire est frappé de tous ces vices qu'avez-vous à redouter d'une cérémonie, d'une solennité où le peuple ne participera que pour les confirmer et vous donner raison ? Et où même il ne participera pas par respect pour vous, pour son émancipation et pour son origine ? A quoi bon cette protestation anticipée et fébrile qui est une injure infligée à une collectivité de citoyens dont on a dit : « il y a quelqu'un qui a plus d'esprit que Voltaire, c'est tout le monde ? »

Mais voici : Ce n'est pas sur le Voltaire entaché des vices, des travers ci-dessus énoncés que vos foudres s'appesantissent. Il vous importe peu, Monseigneur, que Voltaire ne soit pas démocrate et qu'il soit antihumain. Vous n'avez que faire de ces nuances subtiles. Vous visez plus haut, ou plus bas: Voltaire était ANTICLÉRICAL !

Or, comme la fête qui se prépare donnera la composition et le nombre des fidèles qui vous sont restés attachés, par rapport au nombre et à la composition des hérétiques qui ont fui l'orthodoxe giron, vous avez peur, dès maintenant, d'en faire le compte, et nous comprenons vos angoisses à l'aspect visible de votre ancienne toute-puissance émiettée. Comme vous sentez que l'écho d'une telle solennité se répercutera dans le monde, et qu'il aura eu pour voix souveraines toutes celles que comptent la littérature, la philosophie et la science moderne, vous ne voulez pas. Mais nous sommes peu touché de vos appréhensions et de vos craintes.

Alea jacta est. Celui que vous appelez avec Marat, un *perverti*, avec Fouchet, un *menteur*, avec Laharpe, un *masque*, avec Joubert, un *farfadet*, et avec le *Journal des Débats*, un *hypocrite* et un *singe*, nous l'appelons, nous:

L'immortel Apôtre de la Tolérance et le Revendicateur des Droits sociaux.

Paris. — Imprimerie Robert et Buhl, 28, rue du Poirier, Montmartre.